BEI GRIN MACHT SICH IHR WISSEN BEZAHLT

Eine kritische Würdigung der Studie "Verstetigung von Kooperation. Eine Studie zu Weiterbildungsorganisationen in vernetzten Strukturen" von Matthias Alke

Nesrin Bilgili

Bibliografische Information der Deutschen Nationalbibliothek:

Die Deutsche Nationalbibliothek verzeichnet diese Publikation in der Deutschen Nationalbibliografie; detaillierte bibliografische Daten sind im Internet über http://dnb.d-nb.de abrufbar.

ISBN: 9783346867872
Dieses Buch ist auch als E-Book erhältlich.

Druck und Bindung: Books on Demand GmbH, Norderstedt Germany
Gedruckt auf säurefreiem Papier aus verantwortungsvollen Quellen

Das vorliegende Werk wurde sorgfältig erarbeitet. Dennoch übernehmen Autoren und Verlag für die Richtigkeit von Angaben, Hinweisen, Links und Ratschlägen sowie eventuelle Druckfehler keine Haftung.

Das Buch bei GRIN: https://www.grin.com/document/1353717

Eberhard Karls Universität Tübingen

Institut für Erziehungswissenschaften

Seminar: Aktuelle Forschungs- und Entwicklungsarbeiten in der EB/WB

Wintersemester 2019/2020

Eine Kritische Würdigung der Studie

„Verstetigung von Kooperation. Eine Studie zu Weiterbildungsorganisationen in vernetzten Strukturen" von Matthias Alke

vorgelegt von

Nesrin Bilgili

Studiengang: Erwachsenenbildung/Weiterbildung

1. Fachsemester

eingereicht am 25. März 2020

Inhaltsverzeichnis

1. Einleitung

Kooperationen sind oftmals existenziell notwendig für viele Weiterbildungsorganisationen in freier Trägerschaft. Diese sind nicht-staatliche Organisationen. Dabei gibt es sowohl privat- oder frei-gemeinnützige Nonprofit-Organisationen, als auch gewinnorientierte Organisationen in freier Trägerschaft (Bauer, 2012). Somit hängt der Erfolg der Einzelorganisationen oft von Kooperationen, bzw. von einem Netzwerk, in dem sie involviert sind, ab (Tippe, 2008). Kooperationen benötigen jedoch auch ein gewisses Maß an Stabilität und müssen sich aus diesem Grund verstetigen (Alke, 2015). Sie zeichnen sich jedoch auch gerade dadurch aus, dass sie fragil und flexibel sind. Aus diesem Grund stellt sich hier die Frage, wie Weiterbildungsorganisationen ihre Kooperation verstetigen und welche Probleme hierbei entstehen. Um dies zu untersuchen, reicht es aber nicht aus, sich auf eine Ebene zu ebeschränken. Aus diesem Grund werden bei dieser Studie sowohl die Ebene der Organisation, als auch die Ebene der Interaktion empirisch untersucht (vgl., ebd., S. 5). Bei der Ebene der Organisation werden dabei die Kooperationsstrategien der beteiligten Einzelorganisationen anhand von leitfadengestützten offenen Interviews untersucht. Auf der Ebene der Interaktion hingegen wird das Interaktionsgeschehen der verschiedenen Akteure mit Hilfe von teilnehmenden Beobachtungen analysiert.

Laut Alke zeigten sich im aktuellen Diskurs zur Netzwerkarbeit und zu Kooperation von Weiterbildungsorganisationen mehrere Studien und Untersuchungen, die sich mit den Problemen der Verstetigung beschäftigen (2015). Es ist dabei aufgefallen, dass es vier verschiedene Zugänge zu dem Thema gibt. Die ersten beiden Zugänge zeichnen sich dadurch aus, dass Netzwerke als Strukturformen gesehen werden. Der erste Zugang geht vor allem auf Strategien, Instrumente und Maßnahmen der Verstetigung ein. Der zweite Zugang thematisiert die Verstetigungsproblematik hingegen im Hinblick auf die Steuerung von Netzwerken. Der nächste Zugang geht auf das Thema der Interaktion, genauer auf Beziehungszusammenstellunegn und Beziehungsverhalten ein. Der letzte Zugang hingegen beschäftigt sich mit interorganisationalen Kooperationen. Aufgrund der Tatsache, dass Organisationen Kooperationen für ihre Existenz benötigen und diese verstetigt werden müssen, ist dieses Thema sehr relevant für die Praxis. Jedoch fehlen empirischen Studien, die sich mit der Verstetigungsproblematik beschäftigen (Alke, 2015). Aus diesem Grund hat sich die Fragestellung seiner Studie aus dem aktuellen Diskussions- und Forschungsstand heraus entwickelt. Alke versucht somit, die Lücke, die es im Hinblick auf empirische Untersuchungen gibt, zu füllen. Dies zeigt die Wichtigkeit und Relevanz der Studie von Matthias Alke.

Diese Arbeit beschäftigt sich mit der Studie „Verstetigung von Kooperation. Eine Studie zu Weiterbildungsorganisationen in vernetzten Strukturen" von Matthias Alke. Es wird zunächst eine Zusammenfassung der Studie gegeben. Anschließend gibt es eine kritische Würdigung, die unterschiedliche Aspekte einbezieht. Und abschließend kommt ein zusammenfassendes Urteil über die Studie von Matthias Alke. Im folgenden Kapitel, wo es um die Zusammenfassung der Studie geht, wird über den Werdegang und den Kontext der Studie berichtet.

2. Zusammenfassung der Studie

2.1 Der Autor: Matthias Alke

Der Autor, Prof. Dr. Matthias Alke, war zunächst an der Humboldt-Universität zu Berlin als Juniorprofessor tätig („Prof. Dr. Matthias Alke", 2019). Anschließend war er wissenschaftlicher Mitarbeiter am Deutschen Institut für Erwachsenenbildung, dem Leibniz-Zentrum für Lebenslanges Lernen in Bonn. 2014 hat er an der Phillips-Universität in Marburg promoviert und war anschließend in der Leibniz-Graduate School für empirische Weiterbildungsforschung des Deutschen Instituts für Erwachsenenbildung in Kooperation mit der Phillips-Universität Marburg und der Universität Duisburg-Essen Doktorand. Im Anschluss daran hat er als Lehrbeauftragter an der Ruhr-Universität Bochum, danach im bbb Büro für berufliche Bildungsplanung in Dortmund, gearbeitet. 2002 bis 2008 hat er noch Erziehungs- und Theaterwissenschaft an der Ruhr-Universität in Bochum studiert. Seine Arbeits- und Forschungsschwerpunkte liegen zum einen bei der erwachsenpädagogischen Institutionen- und Organisationsforschung, der Steuerungs-/Governance-Forschung im Weiterbildungsbereich sowie im Weiterbildungsmanagement. Zum anderen beschäftigt er sich auch mit Fragen der Professionalisierung von Leitungs- und Führungskräften im Weiterbildungsbereich.

Die Studie „Verstetigung von Kooperation" wurde als Dissertation, im Rahmen der Leibniz Graduate School für empirische Weiterbildungsforschung verfasst (Alke, 2015, S. 7). Die Graduate School hat sechs Nachwuchswissenschaftler/innen/n für empirische Forschung im Bereich Weiterbildung ausgebildet und promoviert. Das Ziel hierbei war es, empirische Forschungsarbeiten zum Thema „Organisation und Entwicklung kooperativer Bildungsarrangements", die zwischen Grundlagenforschung im Weiterbildungsbereich und angewandter Forschung verortet sind, umzusetzen.

2.2 Gegenstand und Fragestellungen der Studie

Die Studie „Verstetigung von Kooperation. Eine Studie zu Weiterbildungsorganisationen in vernetzten Strukturen" von Matthias Alke aus dem Jahr 2015 beschäftigt sich damit, wie es zu einer Verstetigung von Kooperationsaktivitäten von Weiterbildungsorganisationen in freier Trägerschaft kommt. Um dieser Frage nachzugehen, sucht er sich über den Geschäftsführer einen Zugang zu einem Netzwerk, das aus 45 Weiterbildungseinrichtungen in freier Trägerschaft, besteht. Die Einzelorganisationen sind in dem institutionalisierten Netzwerk, welches seit 30 Jahren besteht weil sie sich zu den anderen Einrichtungen verbunden fühlen. Sie wollen sich gemeinsam gegen traditionelle Weiterbildungsorganisationen behaupten, um ihre Interessen durchsetzen zu können.

Das Untersuchungsfeld der Weiterbildungsorganisationen in freier Trägerschaft wurde gewählt weil es hier besonders viele Kooperationen gibt und sich hier die Verstetigungsproblematik besonders stellt. Dies hängt damit zusammen, dass Weiterbildungsorganisationen in freier Trägerschaft zu einem großen Teil aus vernetzten Gruppen und Vereinen zusammengesetzt sind, die aus der „Neuen Sozialen Bewegung" hervorgehen. Wichtig hierbei ist, dass Vernetzung und Kooperation bei ihrer Gründung sehr wichtig waren. Zudem wurde dieses Feld als Untersuchungsgegenstand gewählt weil Weiterbildungsorganisationen in freier Trägerschaft über wenige Ressourcen verfügen und auf Kooperations- sowie Vernetzungsaktivitäten angewiesen sind. Dies zeigt, weshalb die Verstetigung besonders für dieses Forschungsfeld ein Problem ist.

Um Antworten auf seine Frage zu finden, wählt er eine qualitative Vorgehensweise, wo er zwei verschiedene Ebenen untersucht. Er schaut sich die Verstetigungsproblematik zum einen auf der Ebene der Organisation, zum anderen auf der Ebene der Interaktion an. Auf der Organisationsebene untersucht er die Strategien der einzelnen Organisationen des Netzwerks, die in die Kooperation eingebunden sind. Auf der Ebene der Interaktion hingegen schaut er sich das Interaktionsverhalten des Netzwerks an.

Im Forschungsmemorandum ist die Studie unter 4.6 „Vernetzung, Konkurrenz und Steuerungsdynamik" zu verorten (Arnold, Faulstich, Made, von Rein & Schulz, 2000, S. 23). Dies zeigt die Aussage „Beobachtungen von Konkurrenz, Vernetzung und deren Dynamik gehören nicht nur zur besseren wissenschaftlichen Erschließung des Feldes, sondern liefern ein „Bild", das praktischem Handeln Orientierung geben und darüber hinaus Grundlage für Systembeobachtung und Politikberatung werden kann." (ebd, S. 23).

Die Fragestellungen auf der Ebene der Organisation lauten „Wie kann die Verstetigung aus der Perspektive der strategischen Orientierungen der beteiligten Einzelorganisationen geklärt werden?", „Wie tragen deren Kooperationsstrategien zur Verstetigung von Kooperation bei?" und „Welchen Einfluss üben sie dadurch auf die Kooperation aus?" (vgl., Alke, S. 47). Bei der Ebene der Interaktion hat er sich für folgende Fragestellungen interessiert „Wie kann die Verstetigung von Kooperation aus der Perspektive der Interaktion ihrer beteiligten Akteure erklärt werden?", „Wie ist die Interaktion charakterisiert? Wie wird eine Verstetigung der Interaktion trotz der Flüchtigkeit und Ereignishaftigkeit von Kommunikation hervorgebracht? Durch welche Merkmale zeichnet sich die Kommunikation aus?" sowie „In welchen Strukturen ist die Interaktion eingebettet und wie tragen diese zu einer Verstetigung der Kooperation bei?". Die Fragestellungen haben sich aus dem aktuellen Diskurs der Erwachsenen- und Weiterbildung entwickelt, da die Verstetigung von Kooperation als ein zentrales Problem angesehen wird. Da es bisher keine empirischen Studien gibt, setzt die Studie von Alke an einer Lücke in der Erwachsenen- und Weiterbildungswissenschaft an.

2.3 Forschungsdesign und empirisches Vorgehen

Als Grundlagentheorie wurde die Organisations- bzw. Netzwerktheorie herangezogen. Die Systemtheorie wurde für Interaktions- und Kommunikationsthemen verwendet (vgl., ebd., S. 28).

Um die vorab genannten Forschungsfragen beantworten zu können, wurde als Forschungsdesign ein exploratives, hypothesengenerierendes Vorgehen gewählt, das als eine an der Ethnographie orientierte Strategie realisiert wurde. Die Wahl des Forschungsdesign begründet er mit folgenden Argumenten. Zum einen wurde das Thema der Verstetigungsproblematik in der Erwachsenen- und Weiterbildung auf Grund von Finanzierungsfragen bisher nur sehr selten untersucht (vgl., ebd., S. 48). Zum anderen wurde das Thema der Verstetigung von Kooperationen eher in Netzwerken, die durch die Bildungspolitik initiiert wurden, untersucht. Aus diesem Grund fehlten Untersuchungen, die sowohl die Interaktion der Akteure als auch das Innenleben von Weiterbildungsorganisationen beleuchten. Außerdem begründet er die explorative Vorgehensweise auch dadurch, dass es eine bestehende Polyvalenz von Kooperation in der Weiterbildung gibt. Der Grund dafür, dass als Methodologie eine an der sozialwissenschaftlichen Ethnografie orientierte Vorgehensweise gewählt wurde ist, dass die Untersuchung methodologisch-begründet und methodisch-regelgeleitet sein soll. Sie stellt eine sozialwissenschaftliche Forschungsstrategie der qualitativ-empirischen Sozialforschung dar. Außerdem geht man bei der sozialwissenschaftlichen Ethnografie davon aus, dass soziale Wirklichkeit durch Interaktion entsteht und für alle sinnhaft aufgebaut ist. Die Bedeutung, die sich für den Einzelnen ergibt, konstituiert sich jedoch durch Konstruktions- und Interpretationsleistungen derjenigen, die handeln. Dabei spielt die „Befremdung der eigenen Kultur", wie es in der sozialwissenschaftlichen Ethnografie heißt, eine zentrale Rolle (vgl., ebd., S. 52). Hierbei wird das gewöhnliche, alltägliche Handeln der gewohnten Umgebung untersucht. Das Ziel ist dabei, eine objektive Sichtweise einzunehmen um normative Vorstellungen aufzubrechen. Auch das „Going Native" und damit verbunden, die teilnehmende Beobachtung, ist eine wichtige und häufig genutzte Methode der Ethnografie (vgl., ebd., S. 52).

Alke beschreibt, dass er bei der Entwicklung eines Erhebungsdesigns bedacht hat, dass zwei Zugänge notwendig sind, um die Verstetigungsproblematik von Kooperation zu untersuchen. Diesen Gedanken begründet er dadurch, dass sowohl der Einfluss der involvierten Einzelorganisationen als auch die Interaktion der kooperierenden Akteure bedacht werden müssen. Wenn man dies in Zusammenhang zur sozialwissenschaftlichen Ethnografie setzt, zeigt sich, dass Organisation und Interaktion zwei unterschiedliche Ebenen der sozialen Wirklichkeit sind. Aus diesem Grund fand es Alke sinnvoll, beide Ebenen zu untersuchen. Die zwei methodischen Zugänge bilden dabei zwei separate empirische Studien, die zusammen zu einem umfassenden Ergebnis führen. Es liegt somit eine Methodentriangulation bei dieser Studie vor. Um von unterschiedlichen empirischen Ergebnissen zu einer umfassenden Deutung zu gelangen, gibt es in der Studie im Anschluss an das Forschungsdesign eine Zusammenführung der Befunde.

Für die Untersuchung der Ebene der Organisation wurden als Methode leitfadengestützte offene Interviews angewendet. Der Ertrag dessen war, dass subjektiv vorhandene Wissensbestände und Deutungen der Erfahrungen von kooperierenden Akteuren aufgezeichnet werden konnten. Es hat sich zudem auch ihre strategische Orientierung sowie Funktionalisierung gezeigt. Es wird, wie vorab erwähnt, angenommen, dass Subjekte ihre soziale Wirklichkeit selber erschaffen. Hier wird besonders die empirische Rekonstruktion und Deutung des subjektiven Sinns der kooperierenden Akteure versucht herauszuarbeiten. Denn die Verstetigung von Kooperation hängt eng mit der strategischen Orientierung und Funktionalisierungen, die durch Akteure geprägt und beeinflusst werden, zusammen. Dadurch, dass die kooperierenden Akteuere und auch ihr Handeln mit ihren Herkunftsorganisationen zusammenhängen, wurden auch diese als relevant eingestuft. Das hängt damit zusammen, dass die Akteure und ihre Konstruktionen sowie Interpretationen der sozialen Wirklichkeit ihre Herkunftsorganisationen repräsentieren.

Für die Ebene der Interaktion wurde hingegen die teilnehmende Beobachtung als Methode gewählt. Durch diese Vorgehensweise konnte in die Kooperationsrealität und das Interaktionsgeschehen der kooperierenden Akteure hineingeblickt werden. Aus systemtheoretischem Blickwinkel lässt sich schlussfolgern, dass Kooperation als ein Interaktions- bzw. Kommunikationszusammenhang gesehen werden kann, dessen empirische Rekonstruktion auch möglich ist. Wie auch bei der Methode der leitfadengestützten offenen Interviews gilt hier die Annahme, dass die Akteure ihre soziale Wirklichkeit durch Interaktionen und durch Kommunikation konstituieren. Somit kann eine empirische Rekonstruktion der interaktiv-kommunikativen Konstruktion und Verstetigung von Kooperation vorgenommen werden um die Sinngehalte der Akteure betrachtet werden.

Das empirische Vorgehen auf der Ebene der Organisation erfolgte, wie bereits erwähnt, durch Interviewbefragungen. Die Auswertung wurde hier im Sinne einer inhaltlich-strukturierenden, qualitativen Inhaltsanalyse nach Kuckartz (2012) und Mayring (2010) durchgeführt und basiert auf den vorab vorgestellten Fragestellungen zur Ebene der Organisation. Es wurde zum einen eine inhaltlich-strukturierende Analyse durchgeführt und es wurden dabei zunächst deduktive und später induktive Kategorien gebildet (Alke, 2015, S. 84). Es sollten dabei die thematischen Hauptkategorien der Interviews herausgearbeitet werden. Zum anderen wurde auch die Besonderheit der Einzelfälle in das Blickfeld genommen. Diese konnten durch eine Analyse mit rekonstruktiv-interpretativen Gesichtspunkten ermittelt werden. Hierbei fand auch eine Interpretationswerkstatt mit Mitgliedern aus der Leibniz Graduate School für empirische Weiterbildung statt. Durch einen dritten und letzten Zugang konnten die zentralen Kategorien für eine finale Auswertung zusammengestellt werden. Hier geriet die Grounded Theory, mit dem „axialen" und „selektiven" Kodieren" in das Blickfeld (vgl. Strauss & Corbin, 1996, S. 75 & S. 94).

Bei der teilnehmenden Beobachtung, die für die Untersuchung der Verstetigung von Kooperation auf der Ebene der Interaktion durchgeführt wurde, wurde versucht, sich einen Zugang zum Interaktions- und Kommunikationsgeschehen der Kooperierenden im Netzwerk zu verschaffen (vgl., ebd., S. 88). Dafür hat Alke drei teilnehmende Beobachtungen an drei regionalen Netzwerktreffen des Netzwerks gemacht. Der Zugang konnte durch die Schlüsselperson, den Geschäftsführer des Netzwerks, erschlossen werden. Die teilnehmenden Beobachtungen wurde dabei von Alke als „offene Beobachtungen" betitelt (vgl., ebd., S. 90). Das bedeutet, dass der Forscher sich als Beobachter bekanntgegeben hat. Alke hat zudem auch sich selber sowie sein Forschungsprojekt vorgestellt. Einen Beobachtungsleitfaden gab es jedoch nicht weil die Befürchtung existierte, dass dadurch die explorativen und hypothesengenerierenden Eigenschaften verloren gehen könnten. Mit einem Leitfaden bestünde die Gefahr, den Fokus auf bestimmte Phänomene zu legen. Die teilnehmenden Beobachtungen wurden protokolliert indem bei jedem regionalen Netzwerktreffen Notizen gemacht wurden. Die Notizen wurden im Nachgang zu Protokollen umgewandelt. Es wurde besonders darauf geachtet, dass so viele Details wie möglich protokolliert wurden um den Interaktions- und Kommunikationszusammenhang so detailliert wie möglich zu rekonstruieren. Bei der Auswertung der Protokolle wurden Kommunikations- und Interaktionszusammenhänge, Situationen, Sequenzen, usw., die einen Zusammenhang zur Verstetigung von Kooperation haben könnten, analysiert. Im Anschluss daran wurden nach der inhaltlich-strukturierenden Inhaltsanalyse nach Kuckartz induktiv relevante Kategorien gebildet. Außerdem wurden die drei Protokolle codiert und Memos wurden erstellt, die bei der Dokumentation geholfen haben.

Bei der Darstellung der Ergebnisse wurde darauf Wert gelegt, der Leserschaft nicht nur einen Einblick in die Kooperationsrealität zu haben, sondern auch am Erkenntnisgewinn teilzuhaben. Die zentralen Ergebnisse der Studie werden im folgenden Unterkapitel vorgestellt. Zunächst werden die Ergebnisse zur Ebene der Organisation, später zur Ebene der Interaktion aufgezeigt.

2.4 Zentrale Ergebnisse

Auf der Ebene der Organisation waren Einzelorganisationen und die Akteure, die an interorganisationalen Kooperationen beteiligt sind und in Verbindung zur Verstetigung von Kooperation stehen, der Hauptfokus. Hierzu wurden die Kooperationsstrategien, die die involvierten Einzelorganisationen anwenden, näher betrachtet. Bei der Auswertung wurde nämlich deutlich, dass Kooperation als Strategie von den Organisationen genutzt wird, um eine Existenzsicherung zu erreichen. Es zeigte sich dabei, dass es drei unterschiedliche Kooperationsstrategien gibt. Zum einen gibt es die organisch-professionalisierte Kooperationsstrategie. Hier ist der Organisationstypus eine organische Netzwerkorganisation, die eine historisch-symbiotische Einstellung zum Netzwerk hat und einen multifunktionalen Gestaltungskontext hat. Der Kopplungsgrad im Netzwerk ist dabei multidimensional und seine Vorteile sind, dass es eine dauerhafte und lokale Konkurrenzlösung sowie eine hohe Gestaltungsmacht gibt. Die Nachteile dieser Kooperationsstrategie sind, dass es Abhängigkeiten sowie ein hohes Zeitinvestement und einen hohen Kommunikationsaufwand gibt. Die zweite Kooperationsstrategie, die pfadsuchend-profilorientierte, zeichnet sich dadurch aus, dass es hier eine hohe Grundloyalität und Identifikation gibt. Der Organisationstypus ist die profilorientiere Organisation. Bei der Funktionalisierung des Netzwerkes zeigte sich hier, dass sie Impulsgeber für die organisationale Pfadsuche sind. Zudem haben sie einen engen Kopplungsgrad im Netzwerk und der Vorteil dieser Strategie is, dass sie Impulse für die profilbezogene Pfadsuche liefern. Als Nachteile können hier die potentiell vorhandenen Konkurrenzverhältnisse genannt werden. Die dritte Kooperationsstrategie ist die pragmatisch-funktionale. Der Organisationstypus ist hier die intermediäre Organisation und sie zeichnet sich dadurch aus, dass es hier eine Grundloyalität gibt, es aber dennoch differenzierte Einstellungen zum Netzwerk vorhanden sind. Die Funktionalisierung des Netzwerkes läuft über den Erhalt von Strategiewissen und Interessenvertretung. Zudem gibt es hier eine lose Netzwerkkopplung. Vorteilhaft ist hier, dass das Erlangen von Vorteilswissen ohne hohes Zeitinvestment möglich ist. Der Nachteil dabei ist, dass es wenig Gestaltungsmacht gibt.

Dabei hat sich gezeigt, dass Kooperation als zentrale organisationale Strategie genutzt wird. Zudem auch, dass Kooperation auf unterschiedlichen Handlungsebenen der Organisation (Zielgruppen, Angebote, Programm, Projekte, Management/Verwaltung, Verbände und Politik) angesiedelt ist. Bestimmte Handlungsebenen kommen dabei stärker zum Vorschein und Organisationen bedienen sich unterschiedlicher Kooperationsstrategien, je nach Handlungsebene. Zudem gibt es eine Gleichzeitigkeit unterschiedlicher Netzwerkfunktionalisierungen. Wenn man mit diesen Ergebnissen auf die Verstetigungsproblematik schließen will, kommt man zu dem Schluss, dass Kooperation in Form einer Organisationsstrategie als eine Voraussetzung für die Verstetigung von Kooperation gesehen wird. Zudem nimmt die Kontur der Einzelorganisationen mit dem Grad der Ausprägung der Kooperationsstrategie zu. Außerdem wird die temporale Zuschreibung der Kooperation durch die Einzelorganisationen und ihre investierte Zeit in die Kooperation als Faktoren genannt.

Bei den zentralen Ergebnissen zur Ebene der Interaktion wurden mit Hilfe der drei Protokolle drei Kategorien gebildet. Zum einen sind es die strukturbildenden und rahmenden Elemente der Interaktion. Zum anderen sind es die Merkmale des Kommunikationszusammenhangs in der Interaktion der kooperierenden Akteure sowie die Aspekte über die Beziehungskonstellationen der kooperierenden Akteure.

Wenn man anhand dieser Ergebnisse Rückschlüsse auf die Verstetigungsproblematik zieht, kommt man zu dem Schluss, dass die Voraussetzung für die Verstetigung von Kooperation auf der Ebene der Interaktion einer gemeinsamen Basis der Beziehungen bedarf. Diese grenzen das Netzwerk durch gemeinsame Werte, gleiche Einstellungen und Regelungen von der gemeinsamen Umwelt ab. Außerdem zeichnet sich Interaktion dadurch aus, dass es eine Gleichzeitigkeit der Ungleichzeitigkeiten gibt. Diese beziehen sich auf unterschiedliche Ebenen wie Akteure, Strukturen und Kommunikation. Sie bestehen gleichzeitig, haben jedoch unterschiedliche Zeitverhältnisse, wodurch es zu Ungleichzeitigkeiten kommt. Im Zeitverhältnis der Interaktion gibt es ein Wechselspiel zwischen Flexibilisierung und Stabilisierung. Daraus folgt, dass Stabilisierung und Flexibilisierung als Folge des Wechselspiels von Kontinuität und Dauer sowohl Kontinenz, als auch Wandel mit sich bringt. Das bedeutet, dass sich die Kooperation durch die Elastizität in der Interaktion verstetigen kann. Außerdem agieren die Akteure als Repräsentanten ihrer Herkunftsorganisation und werden dadurch systematisch in die Interaktion einbezogen. Zudem muss ein Zukunftsbezug in der Kommunikation der Interaktion kontinuierlich produziert werden.

3. Kritische Würdigung

In diesem Kapitel werden zum einen die Aspekte, die Matthias Alke in seiner Studie gut gemacht hat, und zum anderen die Punkte, die ihm nicht gut gelungen sind, angemerkt. Zu Beginn werden die Stringenz und die intersubjektive Nachvollziehbarkeit kritisch analysiert. Anschließend werden die Indikation des Forschungsprozesses, die empirische Verankerung sowie die Limitation kritisch gewürdigt. Im Anschluss daran wird die Studie auf reflektierte Subjektivität und Relevanz untersucht. Die aufgezählten Aspekte werden dabei nach den Kriterien von Steinke geprüft (1999, S. 207f.).

3.1 Stringenz und intersubjektive Nachvollziehbarkeit

Beginnend mit der Stringenz und der intersubjektiven Nachvollziehbarkeit der Studie, kann gesagt werden, dass es sehr einfach war, die Studie und das Vorgehen des Autors nachzuvollziehen. Das liegt daran, dass er seine Schritte zum größten Teil gut beschrieben und begründet hat. Schon zu Beginn liegt auf Seite 9f. eine informative Zusammenfassung der Studie vor, die dem Leser bereits den Anfang des roten Fadens bietet (Alke, 2015). Durch die Zusammenfassung wird deutlich, was Alke mit der Studie bezweckt und wie er dabei vorgegangen ist. Zudem hat er schon in der Einleitung zwei zentrale Fragestellungen, die er mit der Studie beantworten will, vorgestellt (vgl., ebd., S. 18). Dies gibt der Studie einen roten Faden. Es wäre jedoch hilfreich gewesen, wenn diese Fragen im letzten Kapitel „Bilanz und Perspektiven" erneut aufgelistet wären. Für den Leser wäre es so einfacher, die Ausgangsfragen und die Ergebnisse der Studie zusammenzuführen. Außerdem hätte das dem Ganzen einen Rahmen verschafft.

Ein lobenswerter Punkt ist hier aber, dass er in der Einleitung auch gleich den Untersuchungsgegenstand beschreibt und macht deutlich, wo sein Erkenntnisinteresse liegt. Vgl. „Für die empirische Untersuchung wurden Organisationen der Weiterbildung ausgewählt, die über ein gemeinsames (institutionalisiertes) Netzwerk verbunden (…) sind." (ebd., S. 18). Wie er auf Seite 62 deutlich macht, „Dadurch besteht für die Leserschaft die Möglichkeit nachzuvollziehen, wie ein Entdeckungszusammenhang im ethnografischen Sinne zu einem Begründungszusammenhang führen konnte", ist es Alke wichtig, eine intersubjektive Nachvollziehbarkeit der Studie zu erreichen. Dies gelingt ihm beispielsweise dadurch, dass er beschreibt, wie er zu der Auswahl des Untersuchungsfeldes gekommen ist (vgl., ebd., S. 63).

Im Hinblick auf die Begriffsdefinitionen, die von Alke gemacht werden, ist aufgefallen, dass diese zum Teil nicht ganz deutlich sind. In Kapitel „2.1.1 Netzwerk - Kooperation - Interaktion" wurden zwar die drei Begriffe definiert, es war jedoch dennoch etwas schwierig und verwirrend, diese von dem Begriff „Verstetigung" abzugrenzen und in Zusammenhang zu setzen (ebd., S. 23). Das liegt daran, dass keine eindeutige Definition von „Verstetigung" vorliegt. Es wäre auch für den Leser hilfreicher, wenn es eine Grafik gegeben hätte, die die drei Begriffe illustrieren würde.

Bei der Dokumentation des Forschungsprozesses hat Alke die Erhebungsmethoden und den Erhebungskontext zum Teil ausführlich dokumentiert. Bei den leitfadengestützten Interviews ist positiv anzumerken, dass es eine Übersicht aller Interviewteilnehmer mit relevanten Informationen gibt (vgl., ebd., S. 72f.). Was hierbei aber fehlt ist ein Interviewleitfaden. Auf Seite 80 lässt sich herauslesen, dass es einen Interviewleitfaden gegeben hat. Dieser wurde aber leider nicht in den Anhang eingefügt. Es wäre für die intersubjektive Nachvollziehbarkeit jedoch wichtig gewesen, den Leitfaden sehen zu können. Zudem fehlen auch die Transkriptionen der Interviews im Anhang. Es wurden hierbei zwar die Transkriptionsregeln dargelegt, aber leider fehlen die fertigen Transkripte dazu (vgl., ebd., S. 83). Auch beim Codieren fehlt eine detaillierte Kodierungsstrategie (vgl., ebd., S. 87). Bei den teilnehmenden Beobachtungen ist ihm die Dokumentation größtenteils gut gelungen. Das liegt daran, dass die drei Protokolle sehr ausführlich sind und der Leser sich in die Situation hineinversetzen kann (vgl., ebd., S. 257ff.). Zudem ist auch eine hilfreiche Zusammenfassung und Rekapitulation der drei Protokolle gegeben (vgl., ebd., S. 282ff.). Außerdem ist auffallend, dass zwar drei zentrale Kategorien bei der Analyse der Protokolle aufgelistet wurden, es jedoch kein Kategoriensystem vorliegt, anhand dessen man diese nachvollziehen könnte (vgl., ebd., S. 288). Zudem fehlt bei diesem methodischen Zugang auch ein Beobachtungsleitfaden. Matthias Alke begründet jedoch ausführlich, dass es dem explorativen und hypothesengenerierenden Charakter der vorliegenden Studie schaden würde (vgl., ebd., S. 91). Aus diesem Grund ist es einfach für den Leser, nachzuvollziehen, weshalb es keinen Beobachtungsleitfaden gibt.

Was auch zu einer besseren intersubjektiven Nachvollziehbarkeit beiträgt ist der Aspekt, dass „[w]ährend der Phase des zweiten analytischen Zugangs (…) eine Interpretationswerkstatt mit den Mitgliedern aus der eingangs erwähnten Leibniz Graduate School für empirische Weiterbildungsforschung" stattgefunden hat (ebd., S. 87).

Auch der Punkt, dass er die methodischen Anforderungen und Problemstellungen, die ihm begegnet sind, offen darlegt, wird als positiven Beitrag für die intersubjektive Nachvollziehbarkeit gewertet (vgl., ebd., S. 55f.).

3.2 Indikation des Forschungsprozesses

Im Hinblick auf die Indikation der Methodenauswahl ist auffallend, dass Alke sehr detailliert beschreibt, wie er das Erhebungsdesign entwickelt hat (vgl., ebd., S. 70). Auch die Grafik auf Seite 72 zeigt auf eine sehr übersichtliche Art und Weise, wie er im weiteren Verlauf vorgegangen ist. Zudem ist ebenso positiv zu deuten, dass der Forscher den Interviewten genügend Spielraum bei ihren Äußerungen gelassen hat. Dies wird anhand dieser Aussage deutlich: „Diese Fragestellungen fungierten vor allem dazu, im Interview einen (neuen) Erzählfluss stimulieren zu können" (ebd., S. 75). Ebenso zeigt sich, dass der Autor die Methoden gegenstandsangemessen ausgewählt hat. Um die Verstetigungsproblematik von Kooperation analysieren zu können, musste er sich nämlich sowohl mit den involvierten Einzelorganisationen, als auch mit der Interaktion der kooperierenden Akteure befassen (vgl., ebd., S. 70). Dafür musste er die zwei Ebenen Organisation und Interaktion empirisch erkunden und hat dazu zwei passende methodische Zugänge gewählt. Mit Hilfe der teilnehmenden Beobachtung konnten „Einblicke in die „Kooperationsresalität" und das Interaktionsgeschehen der Akteure hergestellt werden" (ebd., S. 71). Und anhand der leitfadengestützten offenen Interviews konnten die „subjektiv verfügbaren Wissensbestände und Erfahrungsdeutungen der kooperierenden Akteure erfasst werden" (ebd., S. 70). Bei den Interviews ist aber auffallend, dass die Interviewvarianz ziemlich hoch ist. Sie dauerten nämlich zwischen 45 Minuten und 2 Stunden an (vgl., ebd., S. 80). Bei dem methodischen Zugang der Ebene der Organisation ist zu kritisieren, dass es hier nur Beobachtungen gibt, und keine Aufnahmegeräte benutzt wurden.

Flick macht auch in seinem Werk 2011 deutlich, dass es in manchen Fällen nicht ausreicht, nur mit einem methodischen Zugang an die Forschungsfrage heranzugehen. In solchen Fällen, wenn mit mehreren methodischen Zugängen gearbeitet wird, ist die Rede von Methodentriangulation. Auch Alke war der Meinung, dass er zwei methodische Zugänge benötigt. Dies kann auf jeden Fall als sinnvoll angemerkt werden. Es ist auch hilfreich, dass er begründet, weshalb er sich für eine Methodentriangulation und die damit verbundenen zwei methodischen Zugänge entschieden hat. Er rechtfertigt dies damit, dass die empirischen Befunde aus den zwei unterschiedlichen Studien als „unterschiedliche Relevanzzusammenhänge von Verstetigung" zu sehen sind, die zu einer umfassenden Aufklärung der Verstetigungsproblematik beitragen (Alke, 2015, S. 95). Im Zusammenhang dazu kann auch der Aspekt, dass zur Methodologie der Ethnografie die Methodentriangulation passend gewählt wurde. Dies macht auch der Autor selber deutlich: „Insgesamt sind Vorgehensweisen der Triangulation typisch für ethnographische Forschungen" (ebd., S. 94). Somit hat er etwas passendes zur ausgewählten Methodologie umgesetzt. Es liegt aber nicht nur eine Methodentriangulation, sondern auch eine Theorien-Triangulation vor. Denn Alke bedient sich mehrerer Theorien, nämlich der Organisations-, und Netzwerktheorien als auch der Systemtheorie (vgl., ebd., S. 23). Auch dies ist als gut zu bewerten, da er aus verschiedenen Zugängen die für seine Forschungsfrage relevanten Aspekte auswählt.

Außerdem ist die Tatsache, dass Matthias Alke auch die Auswahl der Interviewpartner/innen, also wen er nach welchen Kriterien ausgewählt hat, begründet und beschreibt, hilfreich für den Leser (vgl., ebd., S. 75). Dazu hat er auch eine Übersichtstabelle der Interviewpartner/innen bereitgestellt (ebd., S. 82). In der Tabelle ist zu erkennen, dass sie sehr gründlich ausgewählt wurden.

3.3 Empirische Verankerung

Die empirische Verankerung der Studie von Matthias Alke ist gewährleistet. Denn der Forscher nutzt bei der Theoriebildung Analysestrategien eines bereits bestehenden, kodifizierten Verfahrens, nämlich die der Grounded Theory (vgl., ebd., S. 93). Außerdem wurden bei dem methodischen Zugang der Ebene der Interaktion auf „methodologische Prinzipien einer sozialwissenschaftlichen Rekonstruktion und Hermeneutik zurückgegriffen" (ebd., S. 86). In diesem Zusammenhang wurden auch Überlegungen der Deutungsmusteranalyse von Lüders und Meuser in die Analyse einbezogen. Aus diesem Grund kann man sagen, dass die empirische Verankerung der Studie gegeben ist. Jedoch ist aufgefallen, dass zwar Kategorien gebildet wurden, das Kategoriensystem nach Mayring aber fehlt (vgl., 2010). Bei der Ebene der Interaktion sieht man auf der Seite 288f. lediglich die Kategorien (vgl., Alke, 2015). Auch bei der Ebene der Organisation ist kein Kategoriensystem zu sehen (vgl., ebd., S. 85).

3.4 Limitation

Die Forschungsfragen der Studie sind zwar aus dem aktuellen Forschungs- und Diskussionsstand abgeleitet worden. Jedoch hat die Studie auch Limitationen, wenn es um den Geltungsbereich geht. Die Theorie, die generiert wurde, ist nämlich nicht für alle Bereiche verallgemeinbar, sondern beschränkt sich lediglich auf das Netzwerk, das aus 45 Weiterbildungseinrichtungen in freier Trägerschaft besteht. An dieser Stelle hätte er zum Vergleich noch ein zweites Netzwerk analysieren können. Oder er hätte auch eine Fallkontrastierung vornehmen können.

3.5 Reflektierte Subjektivität

Ein weiterer Punkt, der als positiv zu bewerten ist, ist die reflektierte Subjektivität des Autors. Bei den teilnehmenden Beobachtungen auf der Ebene der Interaktion erwähnt er beispielsweise, dass er vor der Studie bedenken hatte, dass bei den Akteuren das Problem der Nähe und Distanz auftreten könnte (vgl., ebd., S. 91). Dies ist aber nicht aufgetreten weil er sich als Forscher sowie seine Herkunftsorganisation gleich zu Beginn vorgestellt hat.

Zudem wird auch reflektiert, dass der Geschäftsführer des Netzwerks als eine Art Schlüsselperson fungiert hat (vgl., ebd., S. 65). Es wird jedoch nicht erwähnt, dass eine besondere Vertauensbeziehung zwischen Forscher und Informant besteht.

Ein weiterer Aspekt, der als positiv anzuerkennen ist, ist der Punkt, dass der Forscher reflektiert, dass das vorliegende Untersuchungsfeld ein unbekanntes in der Erwachsenenbildung ist (vgl., ebd., S. 66). Zudem wird auch der Zugang und die Erschließung des Untersuchungsfeldes reflektiert, was ebenso die vorhandene reflektierte Subjektivität bestätigt (vgl., ebd., S. 64).

3.6 Relevanz

Die Relevanz und die Nützlichkeit ist als sehr gut einzustufen, da die Forschungsfrage der Studie aus dem aktuellen Diskurs abgeleitet wurde und es infolgedessen ein aktuelles Thema ist, das in der Erwachsenenbildung gegenwärtig diskutiert wird und somit von Interesse ist. Denn die „Verstetigung im Diskurs der Erwachsenen- und Weiterbildungswissenschaft [hat sich] als eine zentrale Problemstellung herausgestellt" (ebd., S. 9). Dieses Problem wurde zwar vielfach diskutiert und auch untersucht, es fehlten jedoch empirische Untersuchungen mit konkreten Ergebnissen. Dementsprechend ist sowohl die Relevanz, als auch die Nützlichkeit der Studie als sehr hoch einzustufen.

4. Abschließendes Urteil

Wie gezeigt werden konnte, war der Mittelpunkt der Studie die theoretische sowie die empirische Auseinandersetzung mit der Verstetigungsproblematik von Kooperation in Weiterbildungsorganisationen in freier Trägerschaft. Durch die zwei methodische Zugänge, nämlich einmal die der Ebene der Organisation und die der Ebene der Interaktion, konnten sowohl die Organisationsstrategien, als auch das Interaktionsgeschehen im Hinblick auf die Verstetigungsproblematik untersucht werden. Auf der Ebene der Organisation stellte sich heraus, dass Kooperation als Strategie der Organisationen genutzt wird, um eine Existenzsicherung zu erreichen. Dazu gibt es drei unterschiedliche Kooperationsstrategien. Diese sind die organisch-professionalisierte, pfadsuchend-profilorientierte sowie pragmatisch-funktionale Organisationsstrategien. Bei der Ebene der Interaktion gab es eine Kategorienbildung. Die Kategorien sind die strukturbildenden und rahmenden Elemente der Interaktion, die Merkmale des Kommunikationszusammenhangs in der Interaktion der kooperierenden Akteure sowie die Aspekte über die Beziehungskonstellationen der kooperierenden Akteure.

Da diese Arbeit das Ziel hatte, sich kritisch mit der Studie von Matthias Alke auseinanderzusetzen, wurden mehrere Aspekte der Studie näher betrachtet und bewertet. Im Großen und Ganzen kann man sagen, dass die Studie „Verstetigung von Kooperation" eine gelungene Arbeit ist, die etwas zur Forschung in der Erwachsenenbildung beiträgt. Zur Stringenz und intersubjektiven Nachvollziehbarkeit kann zusammengefasst werden, dass es gut nachvollziehbar und schlüssig ist, da die Studie einen roten Faden hat und die Vorgehensweise des Autors gut beschrieben wurde. Er betont auch mehrfach, dass es ihm wichtig ist, dass die intersubjektive Nachvollziehbarkeit der Studie gegeben ist. Alke hätte aber im letzten Kapitel, wo er eine Bilanz gezogen hat, die zu Beginn aufgestellten Fragestellungen erneut aufgreifen können, um eine Rahmen zu bilden. Außerdem hätte er eine präzisere Definition der zentralen Begriffe machen müssen, damit es für den Leser einfacher ist, die Begriffe einzuordnen und voneinander abzugrenzen. Die Dokumentation des Forschungsprozesses ist Alke zum Teil gut gelungen, da er die meisten Punkte, wie beispielsweise die Protokolle sehr ausführlich dokumentiert hat. Außerdem ist auch die Interpretationswerkstatt sowie die Tatsache, dass er die Problemstellungen offen darlegt, als lobenswert zu betrachten. Es gibt aber auch Kritikpunkte weil einige Aspekte fehlen. Was fehlt, ist zum einen ein Interviewleitfaden, die Transkripte der Interviews sowie die Kodierungsstrategie beim Codieren und ein Kategoriensystem bei der Analyse der Protokolle.

Im Hinblick auf die Indikation des Forschungsprozesses kann zusammengefasst gesagt werden, dass Alke auch hier detaillierte Angaben gemacht hat. Außerdem ist positiv anzumerken, dass seine Methodenauswahl gegenstandsangemessen ist. Er musste die Versetetigungsproblematik nämlich auf zwei Ebenen untersuchen. Hier hätte eine Ebene nicht ausgereicht. Mit Hilfe der passenden zwei methodischen Zugänge hat er die Fragestellungen in einer angemessenen Weise beantworten können. Hier ist jedoch die Interviewvarianz sowie die Tatsache, dass bei den teilnehmenden Beobachtungen keine Aufnahmegeräte benutzt wurden, zu kritisieren. Lobenswert ist zudem, dass es eine Methodentriangulation sowie eine Theorien-Triangulation gibt. Und auch, dass er die Auswahl der Interviewpartner/innen begründet.

Auch die empirische Verankerung der Studie ist gegeben, da er mehrere kodifizierte Verfahren, nämlich die Grounded Theory, sozialwissenschaftliche Rekonstruktion und Hermeneutik sowie die Deutungsmusteranalyse anwendet.

Die Studie hat jedoch auch eine Limitation wenn es um den Geltungsbereich geht. Der Kritikpunkt hierbei ist, dass Alke zum Vergleich noch ein zweites Netzwerk zum Vergleich oder Kontrastfälle heranziehen könnte.

Die reflektierte Subjektivität der Studie ist aber gegeben, denn er hatte keine Probleme der Nähe und Distanz. Außerdem weil er reflektiert vorgegangen ist, als es um die Schlüsselperson und den Einstieg in das Untersuchungsfeld ging.

Die Relevanz und die Nützlichkeit ist als sehr gut zu bewerten, da die Forschungsfrage der Studie aus dem aktuellen Diskurs abgeleitet wurde und es infolgedessen ein aktuelles Thema ist, das in der Erwachsenenbildung gegenwärtig diskutiert wird und somit von Interesse ist.

5. Literaturverzeichnis

Alke, M. (2015). *Verstetigung von Kooperation. Eine Studie zu Weiterbildungsorganisationen in vernetzten Strukturen.* Wiesbaden: VS Verlag für Sozialwissenschaften.

Bauer R., Dahme HJ. & Struck N. (2012). Freie Träger. In: Thole W. (Hrsg.), *Grundriss Soziale Arbeit.* Wiesbaden: VS Verlag für Sozialwissenschaften.

Flick, U. (2011). Triangulation. In: Oelerich G., Otto HU. (Hrsg.) *Empirische Forschung und Soziale Arbeit.* Wiesbaden: VS Verlag für Sozialwissenschaften.

Kuckartz, U. (2012). *Qualitative Inhaltsanalyse. Methoden, Praxis, Computerunterstützung.* Weinheim & Basel: Beltz Verlag.

Mayring, P. (2010). Qualitative Inhaltsanalyse. In: Mey, G. & Mruck, K. (Hrsg.), *Handbuch Qualitative Forschung in der Psychologie,* 601-613. Wiesbaden: VS Verlag für Sozialwissenschaften.

Prof. Dr. Matthias Alke. (2019, 13. Dezember). Abgerufen am 17. März 2020 von https://www.erziehungswissenschaften.hu-berlin.de/de/ebwb/team/matthias-alke

Steinke, I. (1999). *Kriterien qualitativer Forschung: Ansätze zur Bewertung qualitativ-empirischer Sozialforschung.* Weinheim: Juventa.

Strauss, A. & Corbin, J. (1996). *Grounded Theory: Grundlagen Qualitativer Sozialforschung.* Aus dem Amerikanischen von Solveigh Niewiarra und Heiner Legewie. Weinheim: Beltz Verlag.

Tippe, A. & Wesenauer, A. (2008). Kooperation zwischen Organisationen. *Gruppendynamik, 39,* 300–315.